AF222073

Impressum
Verlag: BABADADA GmbH, Nedderfeld 112 , 22529 Hamburg
Geschäftsführer / Verlagsleitung: Harald Hof
Druck: Books on Demand GmbH, In de Tarpen 42, 22848 Norderstedt

Imprint
Publisher: BABADADA GmbH, Nedderfeld 112 , 22529 Hamburg, Germany
Managing Director / Publishing direction: Harald Hof
Print: Books on Demand GmbH, In de Tarpen 42, 22848 Norderstedt, Germany

училище
iskola

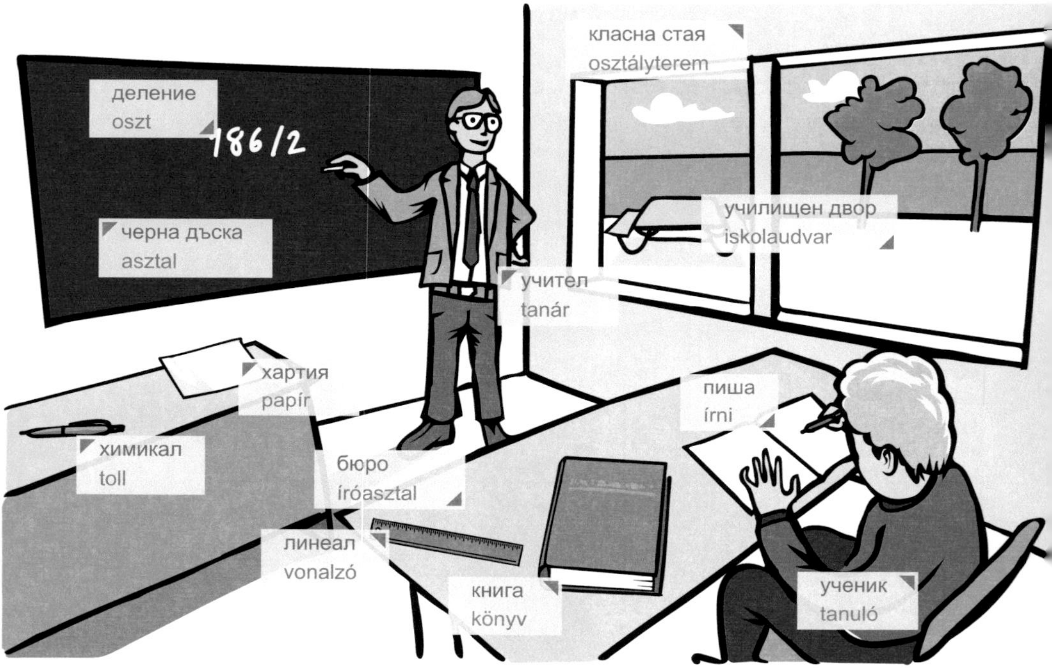

класна стая
osztályterem
деление
oszt
186/2
черна дъска
asztal
училищен двор
iskolaudvar
учител
tanár
хартия
papír
пиша
írni
химикал
toll
бюро
íróasztal
линеал
vonalzó
книга
könyv
ученик
tanuló

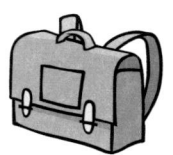

ученическа раница

iskolatáska

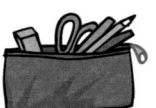

ученически несесер

tolltartó

молив

ceruza

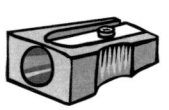

острилка за моливи

ceruzahegyező

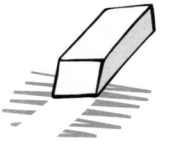

гума

radír

блок за рисуване

rajzfüzet

рисунка

rajz

четка

ecset

акварелни бои

festökészlet

ножица

olló

лепило

ragasztó

тетрадка за упражнения

munkafüzet

домашна работа

házi feladat

число

szám

събиране

összead

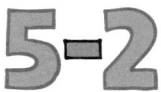

изваждане

kivon

умножение

szoroz

смятане

számol

буква

betü

азбука

ABC

дума

szó

текст
szöveg

чета
olvasni

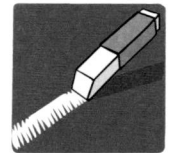

тебешир
kréta

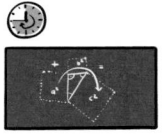

час
tanóra

дневник на класа
napló

изпит
vizsga

свидетелство
bizonyítvány

ученическа униформа
iskolai egyenruha

образование
oktatás

справочник
enciklopédia

университет
egyetem

микроскоп
mikroszkóp

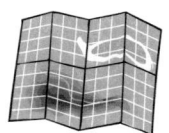

карта
térkép

кошче за хартиени
отпадъци
papír-hulladék gyűjtő

хотел
hotel

хостел
szállás

обменно бюро
valutaváltó iroda

куфар
bőrönd

кола
autó

език

да / не

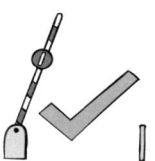

Окей

nyelv

igen/nem

rendben

здравей

преводач

Благодаря

szia

fordító

köszönöm

Колко струва…?

mennyibe kerül…?

Не разбирам

nem értem

проблем

probléma

Добър вечер!

Jó estét!

Добро утро!

jó reggelt!

Лека нощ!

jó éjszakát!

довиждане

viszontlátásra

посока

útirány

багаж

poggyász

пътна чанта

táska

раница

hátizsák

посетител

vendég

стая

szoba

спален чувал

hálózsák

палатка

sátor

туристическа информация

turista információ

плаж

strand

кредитна карта

hitelkártya

закуска

reggeli

обед

ebéd

вечеря

vacsora

билет

jegy

асансьор

lift

пощенска марка

bélyeg

граница

határ

митница

vám

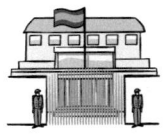

посолство

nagykövetség

виза

vízum

паспорт

útlevél

транспорт
közlekedés

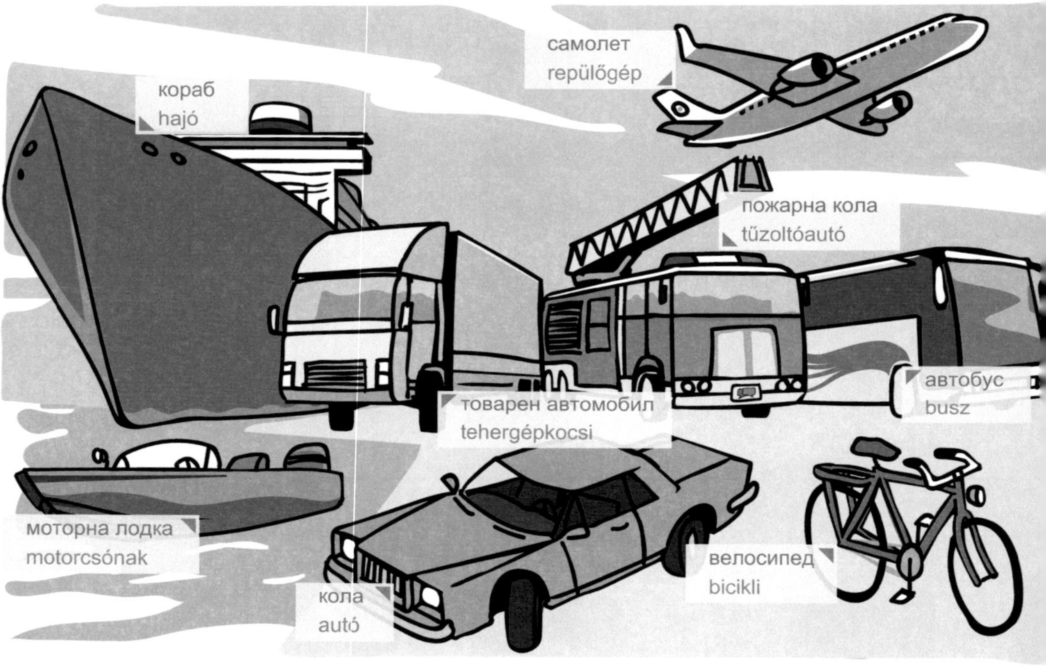
самолет
repülőgép
кораб
hajó
пожарна кола
tűzoltóautó
автобус
busz
товарен автомобил
tehergépkocsi
моторна лодка
motorcsónak
велосипед
bicikli
кола
autó

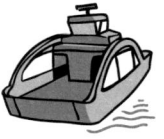

ферибот

komp

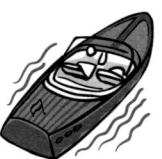

лодка

csónak

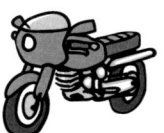

мотоциклет

motorkerékpár

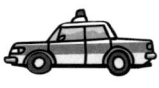

полицейска кола

rendőrautó

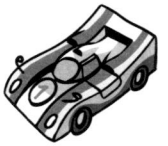

състезателна кола

versenyautó

кола под наем

bérautó

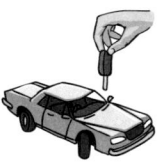

каршеринг

telekocsi

автомобил от "Пътна помощ"

vontató

сметовоз

szemetes autó

двигател

motor

бензин

üzemanyag

бензиностанция

benzinkút

пътен знак

közlekedési tábla

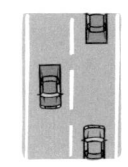

улично движение

forgalom

задръстване

forgalmi dugó

паркинг

parkoló

гара

vonatállomás

релси

sínek

влак

vonat

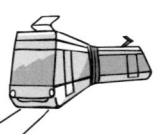

трамвай

villamos

вагон

vagon

хеликоптер

helikopter

аерогара

repülőtér

кула

torony

пасажер

utas

контейнер

konténer

кашон

kartondoboz

ръчна количка

taliga

кошница

kosár

излитам / приземявам се

felszáll / leszáll

град

város

село

falu

градски център

városközpont

къща

ház

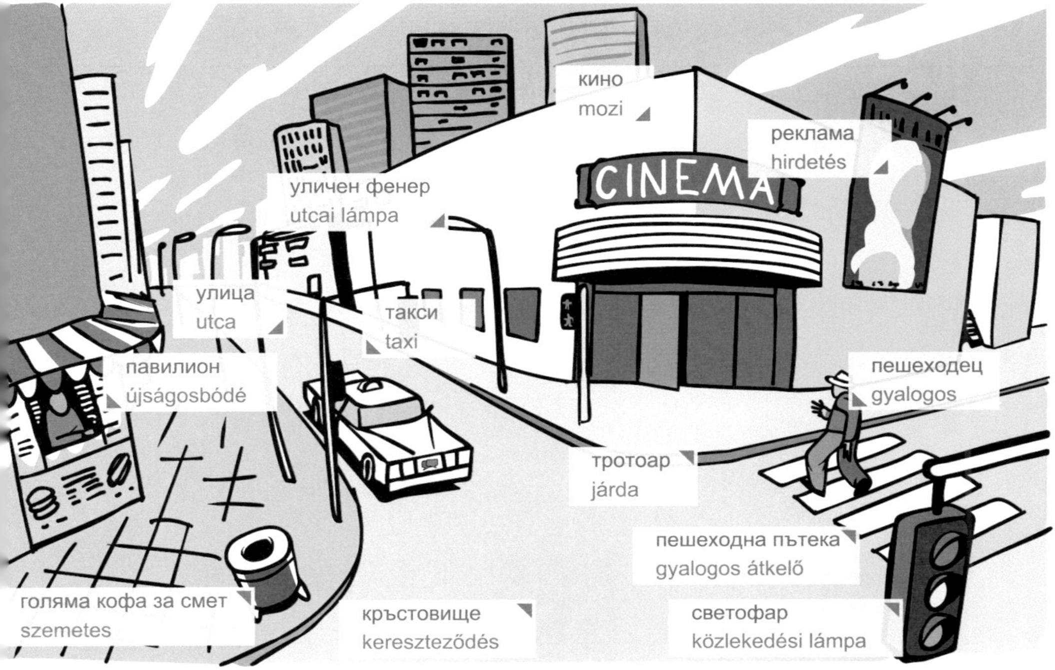

кино
mozi
реклама
hirdetés
CINEMA
уличен фенер
utcai lámpa
улица
utca
такси
taxi
павилион
újságosbódé
пешеходец
gyalogos
тротоар
járda
пешеходна пътека
gyalogos átkelő
голяма кофа за смет
szemetes
кръстовище
kereszteződés
светофар
közlekedési lámpa

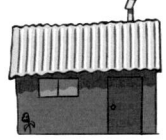

хижа

kunyhó

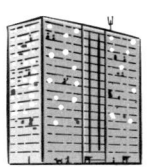

жилище

lakás

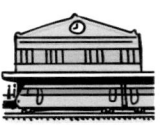

гара

vonatállomás

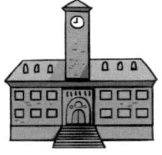

кметство

városháza

MUSEUM

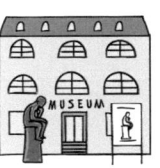

музей

múzeum

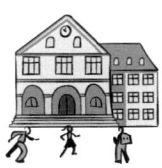

училище

iskola

университет

egyetem

банка

bank

болница

kórház

хотел

hotel

аптека

gyógyszertár

офис

iroda

книжарница

könyvesbolt

магазин за цветя

üzlet

магазин за цветя

virágüzlet

супермаркет

szupermarket

пазар

piac

универсален магазин

áruház

търговец на риба

halárus

търговски център

bevásárló központ

пристанище

kikötő

парк

park

пейка

pad

мост

híd

стълба

lépcső

метро

metró

тунел

alagút

автобусна спирка

buszmegálló

бар

bár

ресторант

étterem

пощенска кутия

postaláda

улична табелка

utcatábla

часовник за паркинг престой

parkoló óra

зоологическа градина

állatkert

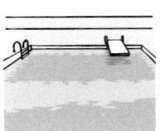

плувен басейн

uszoda

джамия

mecset

селски двор

gazdálkodás

замърсяване на околната среда

környezetszennyezés

гробище

temető

църква

templom

детска площадка

játszótér

храм

szentély

пейзаж
táj

листо
levél

пътепоказател
útjelző tábla

път
út

ливада
rét

камък
kő

дърво
fa

пътешественик
túrázó

река
folyó

трева
fű

цвете
virág

долина

völgy

планина

domb

море

tó

гора

erdő

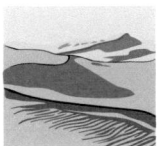

пустиня

sivatag

вулкан

vulkán

замък

kastély

дъга

szivárvány

гъба

gomba

палма

pálmafa

комар

szúnyog

муха

légy

мравка

hangya

пчела

méhecske

паяк

pók

бръмбар

bogár

жаба

béka

катеричка

mókus

таралеж

sündisznó

заек

nyúl

кукумявка

bagoly

птица

madár

лебед

hattyú

диво прасе

vaddisznó

елен

szarvas

лос

rénszarvas

бент

gát

вятърна турбина

szélturbina

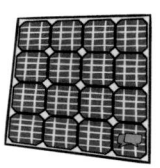

соларен модул

napelem

климат

éghajlat

ресторант
étterem

келнер
pincér
меню
menü
стол
szék
супа
leves
пица
pizza
прибори за хранене
evőeszköz
покривка за маса
terítő

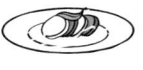

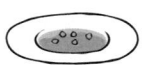

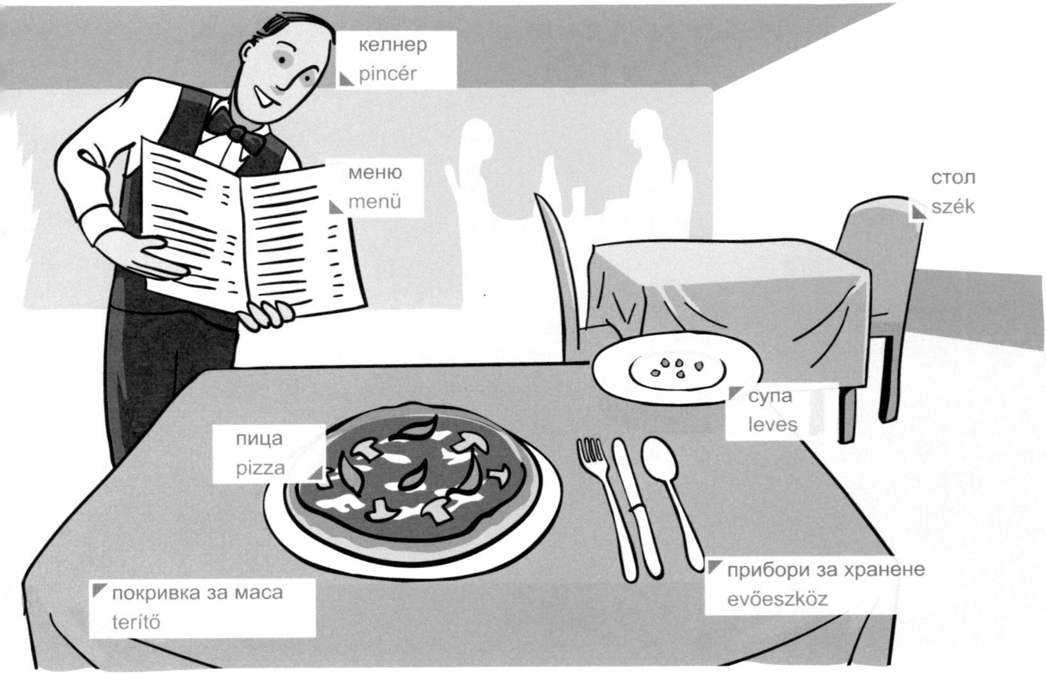

предястие

előétel

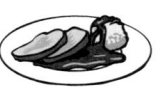

основно ястие

főétel

десерт

desszert

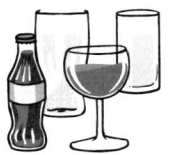

напитки

italok

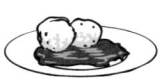

ядене

étel

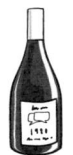

бутилка

üveg

бързо хранене

gyorsétel

улична храна

gyorsétel

кана за чай

teás kanna

кутия за захар

cukortartó

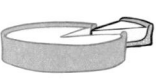

порция

adag

еспресо машина

eszpresszógép

висок детски стол

bárszék

сметка

számla

табла

tálca

ножица за нокти

kés

вилица

villa

лъжица

kanál

чаена лъжичка

teáskanál

салфетка

szalvéta

стъклена чаша

pohár

чиния

tányér

чиния за супа

leveses tányér

чинийка

csészealj

сос

szósz

солница

sószóró

мелничка за черен пипер

borsőrlő

оцет

ecet

олио

étkezési olaj

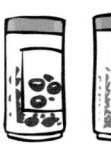

подправки

fűszerek

кетчуп

ketchup

горчица

mustár

майонеза

majonéz

супермаркет
szupermarket

оферта
különleges ajánlat
FOR
клиент
ügyfél
млечни продукти
tejtermék
плодове
gyümölcsök
количка за покупки
bevásárló kocsi

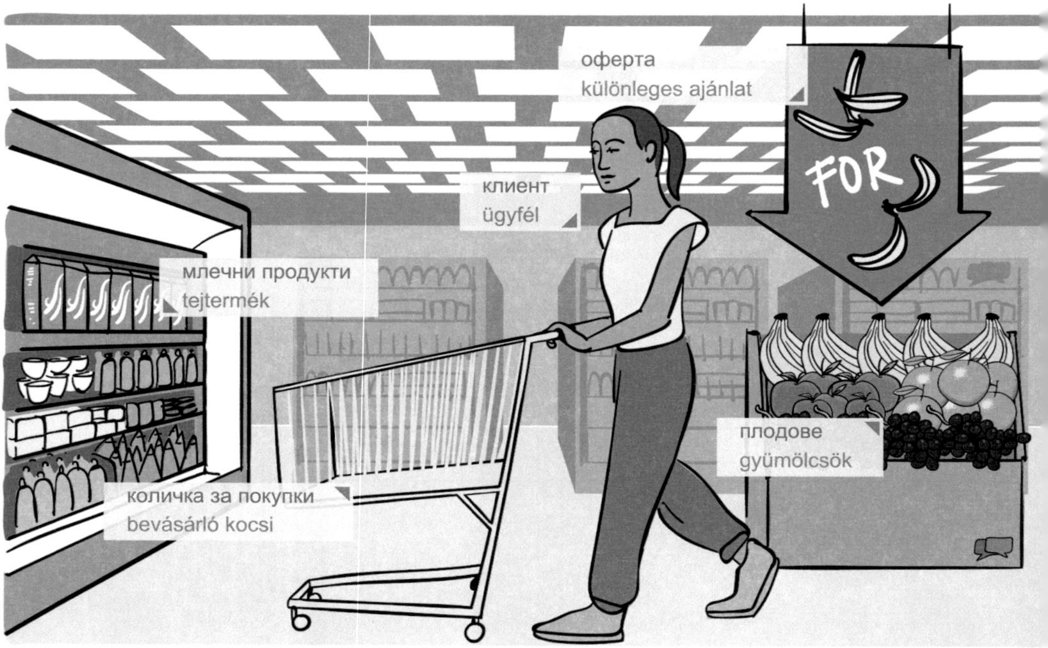

BUTCHERS

кланица

hentes

BAKERY

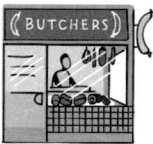

хлебарница

pékség

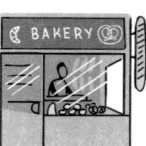

тегля

nyom valamennyit

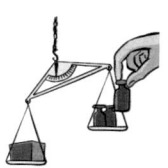

зеленчуци

zöldség

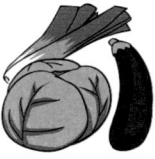

месо

hús

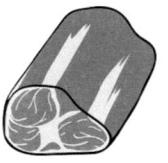

дълбоко замразена храна

fagyasztott áru

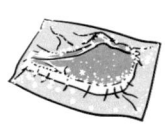

нарязан колбас или сирене
felvágott

консерви
konzerv

перилен препарат
mosópor

лакомства
édességek

домакински изделия
háztartási termék

почистващи препарати
tisztítószerek

продавачка
eladó

каса
pénztárgép

касиер
eladó

списък на покупките
bevásárló lista

работно време
nyitva tartás

портфейл
levéltárca

кредитна карта
hitelkártya

чанта
zacskó

пластмасова торба
műanyag zacskó

вода

víz

сок

gyümölcslé

мляко

tej

кола

kóla

вино

bor

бира

sör

алкохол

alkohol

какао

kakaó

чай

tea

кафе машина

kávé

еспресо

eszpresszó

капучино

kapucsínó

банан

banán

ябълка

alma

портокал

narancs

пъпеш

sárgadinnye

лимон

citrom

морков

sárgarépa

чесън

fokhagyma

бамбук

bambusz

лук

hagyma

гъба

gomba

ядки

magvak

макарони

nokedli

спагети

spagetti

ориз

rizs

салата

saláta

пържени картофи

sült krumpli

печени картофи

sült burgonya

пица

pizza

хамбургер

hamburger

сандвич

szendvics

шницел

hússzelet

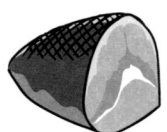

шунка

sonka

траен колбас

szalámi

салам

kolbász

пиле

csirke

печено

pecsenye

риба

hal

ядене - étel

овесени ядки

zabkása

мюсли

müzli

корнфлейкс

kukoricapehely

брашно

liszt

кроасан

croissant

хлебчета

zsemle

хляб

kenyér

препечена филийка

pirítós kenyér

бисквити

keksz

масло

vaj

извара

túró

сладкиш

sütemény

яйце

tojás

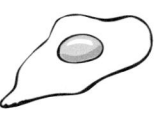

яйца на очи

tükörtojás

сирене

sajt

сладолед

jégkrém

захар

cukor

мед

méz

мармалад

lekvár

нуга крем

mogyorókrém

къри

curry

селски двор
gazdálkodás

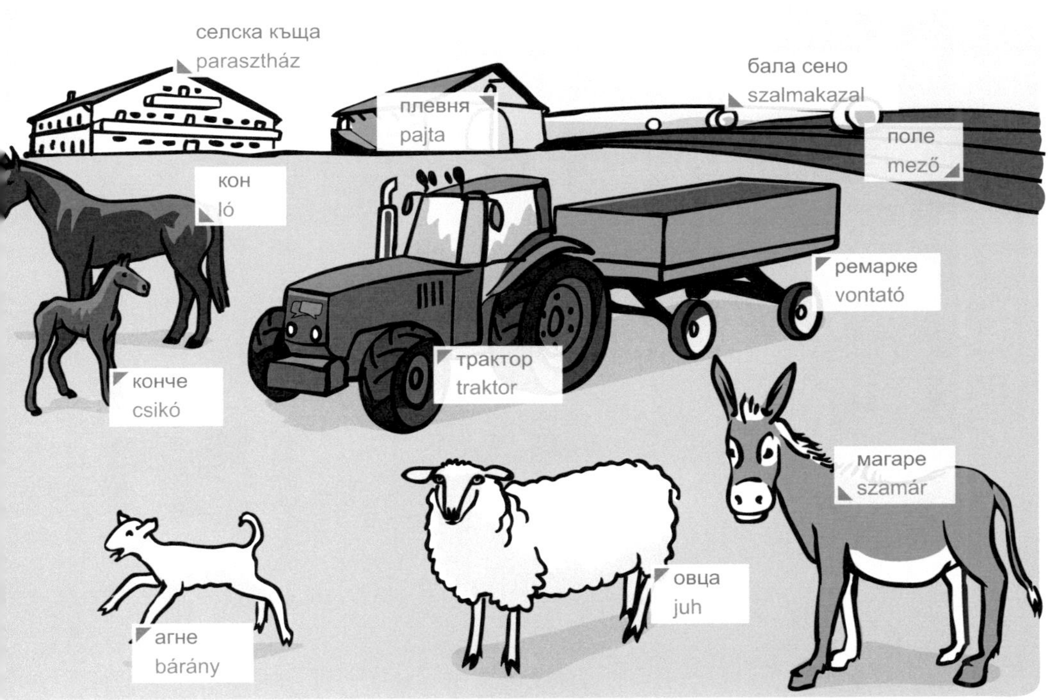

селска къща
parasztház
плевня
pajta
бала сено
szalmakazal
поле
mező
кон
ló
ремарке
vontató
конче
csikó
трактор
traktor
магаре
szamár
овца
juh
агне
bárány

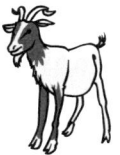

коза

kecske

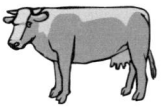

крава

tehén

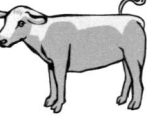

теле

borjú

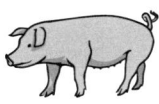

свиня

malac

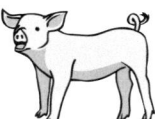

прасенце

kismalac

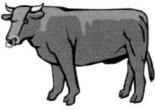

бик

bika

гъска

liba

патица

kacsa

пиленце

csibe

кокошка

tojó

петел

kakas

плъх

patkány

котка

macska

мишка

egér

вол

ökör

куче

kutya

кучешка колиба

kutyaház

градински маркуч

kerti öntözőcső

лейка

öntözőkanna

коса

kasza

плуг

eke

сърп

sarló

мотика

kapa

вила за тор

vasvilla

брадва

fejsze

ръчна количка

talicska

корито

teknő

съд за мляко

tejes kancsó

чувал

zsák

ограда

kerítés

обор

istálló

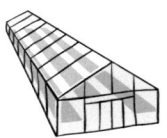

парник

üvegház

земя

talaj

сеитба

vetőmag

тор

trágya

комбайн

cséplőgép

жъна
szüretelni

реколта
betakarítás

ямс
yamgyökér

жито
búza

соя
szója

картоф
burgonya

царевица
kukorica

рапица
repcemag

овощно дърво
gyümölcsfa

маниока
manióka

зърнени храни
gabona

къща
ház

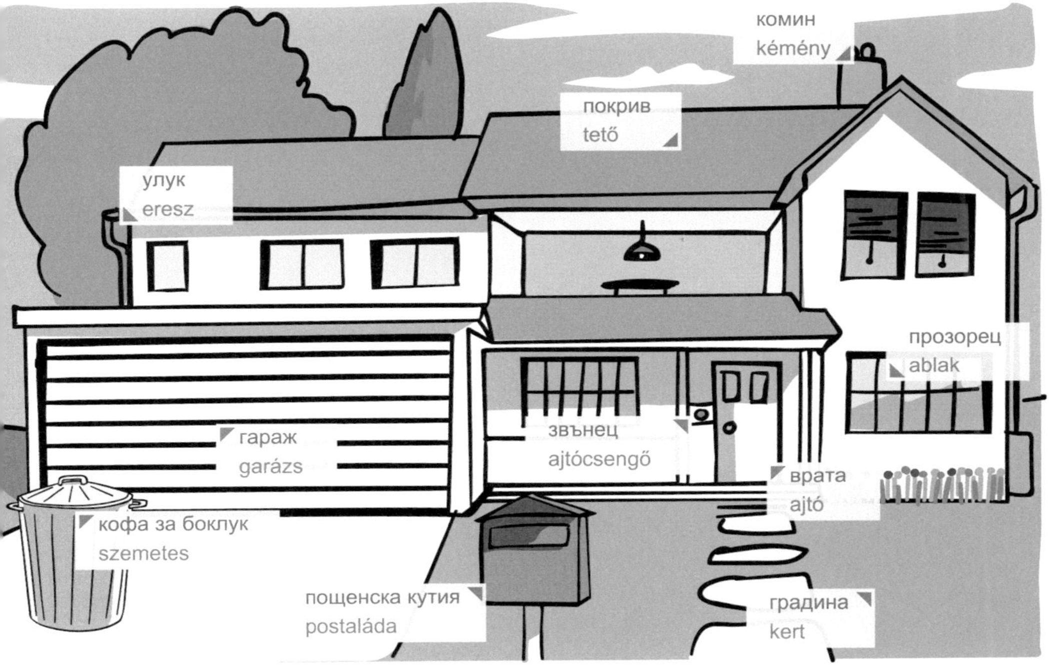
комин
kémény
покрив
tető
улук
eresz
прозорец
ablak
гараж
garázs
звънец
ajtócsengő
врата
ajtó
кофа за боклук
szemetes
пощенска кутия
postaláda
градина
kert

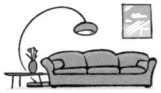

всекидневна

nappali

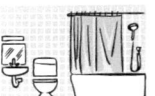

баня

fürdőszoba

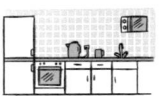

кухня

konyha

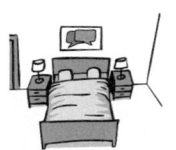

спалня

hálószoba

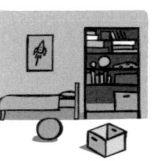

детска стая

gyerekszoba

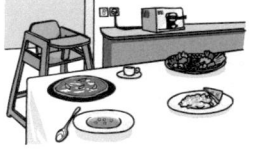

трапезария

ebédlő

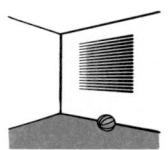

под
padló

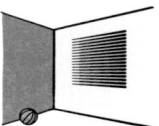

стена
fal

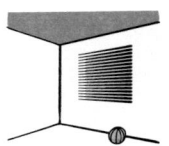

таван
plafon

изба
pince

сауна
szauna

балкон
erkély

тераса
terasz

плувен басейн
medence

косачка
fűnyíró

спално бельо
lepedő

покривка за легло
ágytakaró

легло
ágy

метла
seprű

кофа
vödör

електрически ключ
kapcsoló

всекидневна

nappali

тапет
tapéta
картина
kép
лампа
lámpa
шкаф
szekrény
рафт
polc
телевизор
televízió
камина
kandalló
цвете
virág
възглавница
párna
канапе
kanapé
ваза
váza
дистанционно управление
távirányító

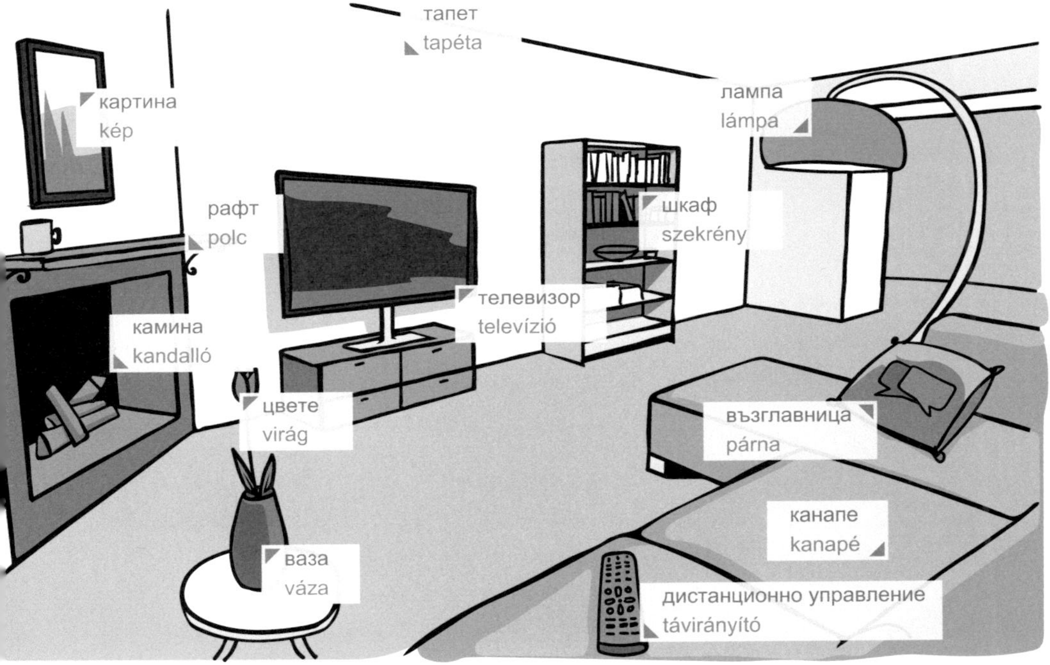

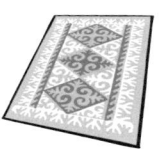

килим

szőnyeg

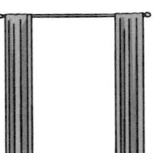

завеса

függöny

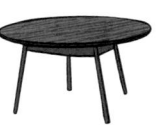

маса

asztal

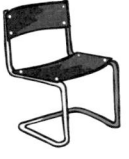

стол

szék

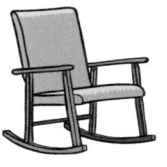

люлеещ се стол

hintaszék

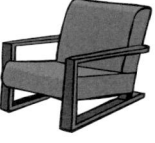

кресло

karosszék

книга

könyv

одеяло

takaró

декорация

dekoráció

дърва за отопление

tűzifa

филм

film

стерео уредба

hifi

ключ

kulcs

вестник

újság

живопис

festmény

постер

poszter

радио

rádió

бележник

jegyzetfüzet

прахосмукачка

porszívó

кактус

kaktusz

свещ

gyertya

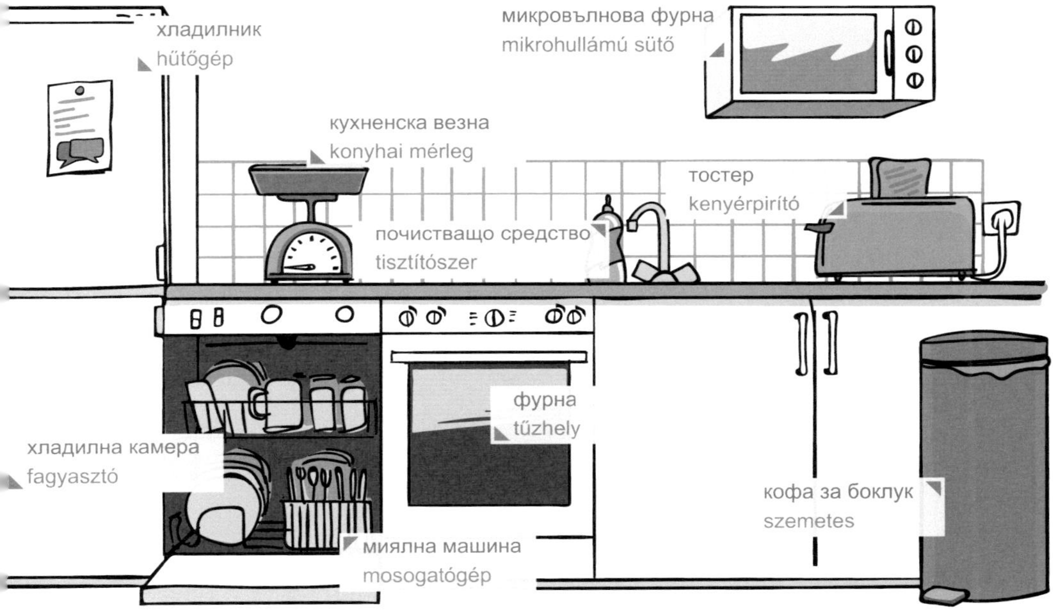

хладилник
hűtőgép

микровълнова фурна
mikrohullámú sütő

кухненска везна
konyhai mérleg

тостер
kenyérpirító

почистващо средство
tisztítószer

фурна
tűzhely

хладилна камера
fagyasztó

кофа за боклук
szemetes

миялна машина
mosogatógép

готварска печка

tűzhely

тенджера

edény

желязна тенджера

vasfazék

уок / кадаи

wok / kadai

тиган

serpenyö

кана за затопляне на вода

vízforraló

уред за готвене на пара

pároló

тава за печене

tepsi

съдове

étkészlet

чаша

bögre

купа

tálka

клечки за хранене

evőpálcika

черпак

merőkanál

лопатка за тиган

keverőlapátka

тел за разбиване (на яйца, белтъци)

habverő

кошница за варене

szűrő

гевгир

szita

ренде

reszelő

хаван

mozsár

барбекю

grillsütő

огнище

kandalló

дъска
vágódeszka

точилка
sodrófa

тирбушон
dugóhúzó

кутия
doboz

отварачка за консерви
konzervnyitó

кухненска ръкохватка
edényfogó

мивка
mosogató

четка
kefe

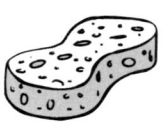

гъба
szivacs

миксер
turmixgép

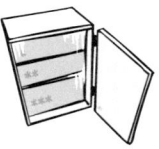

фризер
mélyhűtő

бебешко шише
cumisüveg

воден кран
csap

баня

fürdőszoba

отопление
fűtés
хавлиена кърпа
törölköző
душ
zuhany
завеса за баня
zuhanyfüggöny
шампоан за вана
habfürdő
вана
kád
стъклена чаша
pohár
перална машина
mosógép
воден кран
csap
плочки
csempe
гърне
bili
мивка
mosogató

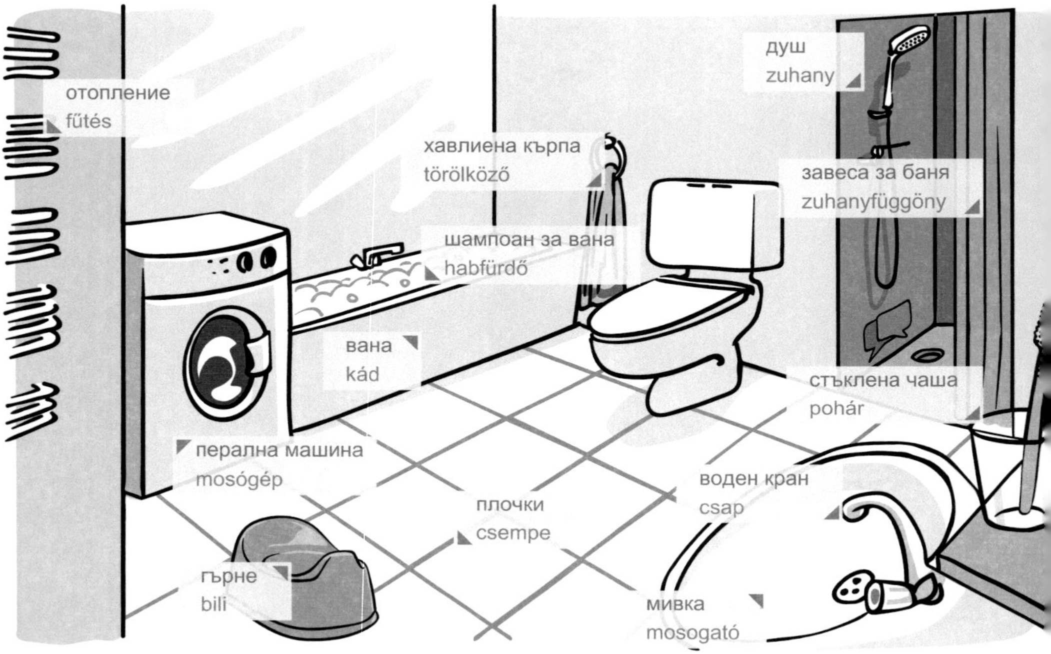

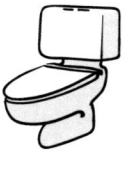

тоалетна

toalett

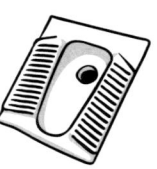

клекало

guggolós toalett

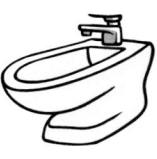

биде

bidé

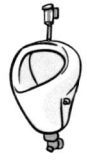

писоар

piszoár

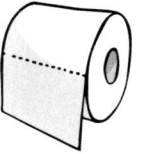

тоалетна хартия

toalett papír

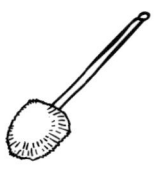

четка за тоалетна

wc kefe

четка за зъби

fogkefe

паста за зъби

fogkrém

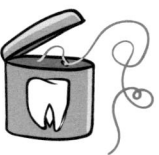

конец за зъби

fogselyem

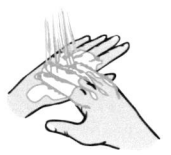

мия

mosni

ръчен душ

kézi zuhany

интимен душ

intimzuhany

леген

mosdótál

четка за гръб

hátmosó kefe

сапун

szappan

душ гел

tusfürdő

шампоан за вана

sampon

гъба за баня

mosdókesztyű

сифон

lefolyó

крем

krém

дезодорант

dezodor

баня - fürdőszoba

огледало

tükör

козметично огледало

kézitükör

ръчна самобръсначка

borotva

пяна за бръснене

borotvahab

одеколон за след
бръснене
borotválkozás utáni
arcszesz

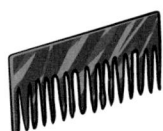

гребен

fésü

четка

hajkefe

сешоар

hajszárító

спрей за коса

hajlakk

грим

smink

червило

ajakrúzs

лак за нокти

körömlakk

памук

vatta

ножица за нокти

körömvágó olló

парфюм

parfüm

тоалетна чантичка

neszesszer

табуретка

sámli

везна

mérleg

хавлия

köntös

домакински ръкавици

gumikesztyű

тампон

tampon

дамски преврръзки

egészségügyi betét

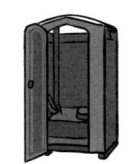

химическа тоалетна

vegyi WC

детска стая
gyerekszoba

будилник
ébresztő óra
плюшена играчка
plüssállat
автомобил играчка
játékautó
дрънкалка
csörgő
къща за кукли
babaház
подарък
ajándék

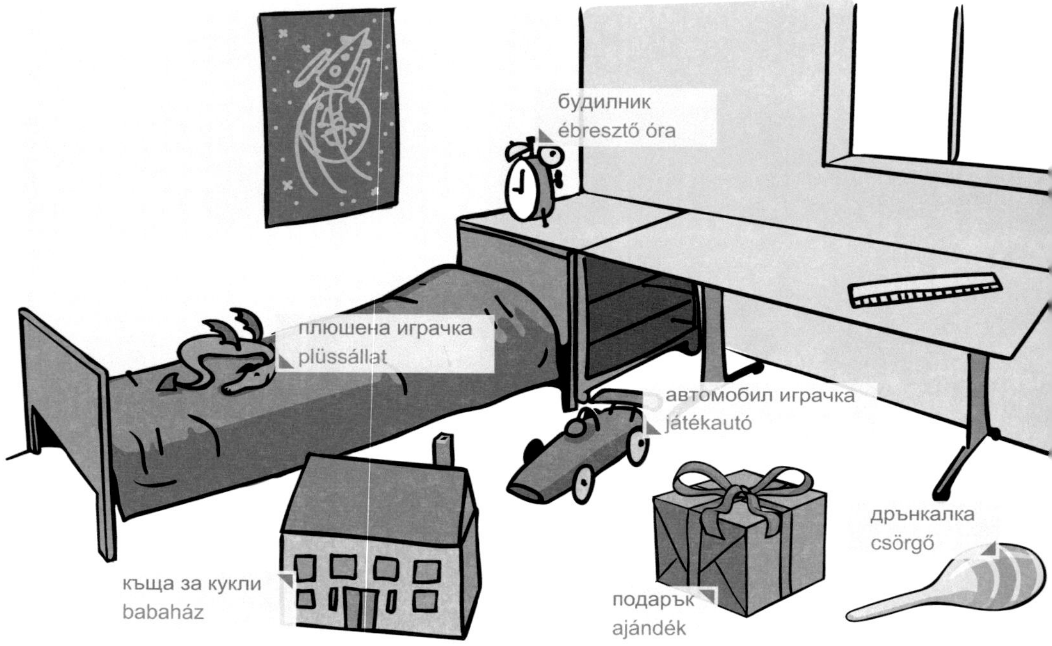

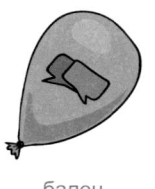

балон

lufi

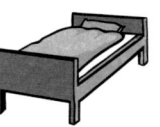

легло

ágy

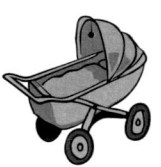

детска количка

babakocsi

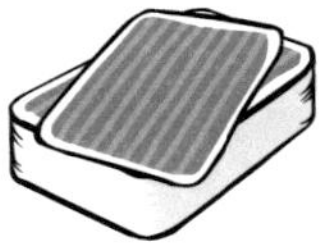

игра на карти

kártyapakli

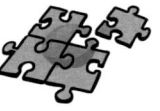

пъзел

kirakós játék

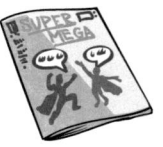

комикс

képregény

лего елементи

épitőkockák

строителни елементи

építőelem

екшън фигурка

szuperhős

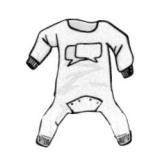

бебешки гащеризон

rugdalózó

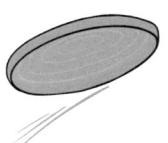

фрисби

frizbi

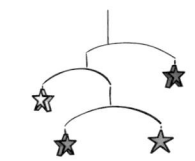

бебешки играчки за легло

zenélő forgó

настолна игра

társasjáték

зарче

kocka

миниатюрно влакче

modellvasút

биберон

cumi

парти

zsúr

детска книга с илюстрации

képeskönyv

топка

labda

кукла

baba

играя

játszani

пясъчник

homokozó

люлка

hinta

играчка

játékok

игрова конзола

videójáték konzol

велосипед с три колелета

tricikli

плюшено мече

teddi maci

гардероб

ruhásszekrény

облекло
ruházat

къси чорапи

zokni

дълги чорапи

harisnya

чорапогащник

harisnyanadrág

шал
sál

колан
öv

чадър
esernyő

Т-шърт
póló

гуменки
tornacipő

ботуши
csizma

пантофи
papucs

сандали
szandál

обувки
cipő

гумени ботуши
gumicsizma

слип
alsónadrág

сутиен
melltartó

долна блуза
mellény

боди

body

панталон

nadrág

дънки

farmer

пола

szoknya

блуза

blúz

риза

ing

пуловер

pulóver

суичър

kapucnis pulóver

блейзър

blézer

яке

dzseki

палто

kabát

дъждобран

esőkabát

костюм

kosztüm

рокля

ruha

булчинска рокля

esküvői ruha

костюм

öltöny

нощница

hálóing

пижама

pizsama

сари

szári

кърпа за глава

fejkendő

тюрбан

turbán

бурка

burka

кафтан

kaftán

абая

abaya

бански костюм

fürdőruha

плувни шорти

fürdőnadrág

къс панталон

rövidnadrág

анцуг

tréningruha

престилка

kötény

ръкавици

kesztyű

копче

gomb

очила

szemüveg

гривна

karkötő

верижка

nyaklánc

пръстен

gyűrű

обеца

fülbevaló

каскет

sapka

закачалка

vállfa

шапка

kalap

вратовръзка

nyakkendő

цип

cipzár

каска

bukósisak

тиранти

nadrágtartó

ученическа униформа

iskolai egyenruha

униформа

egyenruha

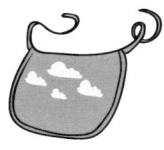

лигавник

előke

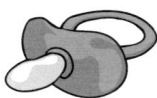

биберон

cumi

пелена

pelenka

офис
iroda

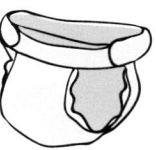

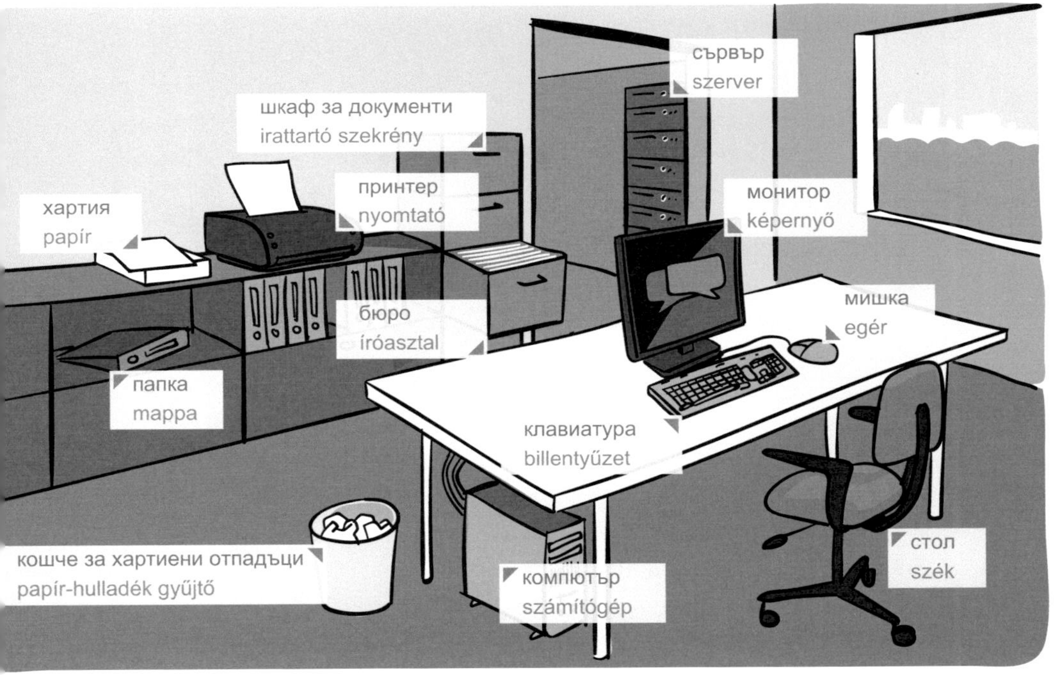

сървър
szerver
шкаф за документи
irattartó szekrény
принтер
nyomtató
хартия
papír
монитор
képernyő
бюро
íróasztal
мишка
egér
папка
mappa
клавиатура
billentyűzet
кошче за хартиени отпадъци
papír-hulladék gyűjtő
стол
szék
компютър
számítógép

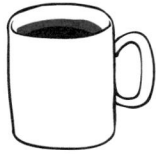

чаша за кафе

kávéscsésze

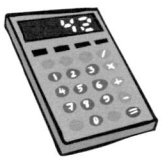

джобен калкулатор

számológép

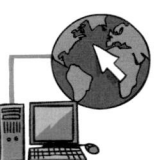

интернет

internet

лаптоп

laptop

писмо

levél

съобщение

üzenet

мобилен телефон

mobiltelefon

мрежа

hálózat

ксерокс

fénymásoló

софтуер

szoftver

телефон

telefon

контакт

konnektor

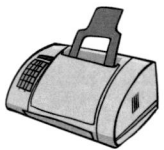

факс

faxgép

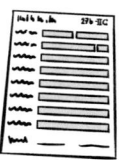

формуляр

formanyomtatvány

документ

dokumentum

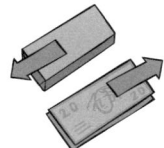

купувам

venni

плащам

fizetni

търгувам

kereskedni

пари

pénz

долар

dollár

евро

euró

йена

jen

рубла

rubel

швейцарски франк

svájci frank

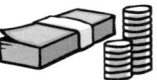

ренминби юан

kínai jüan

рупия

rúpia

банкомат

bankautomata

обменно бюро
valutaváltó iroda

злато
arany

сребро
ezüst

нефт
olaj

енергия
energia

цена
ár

договор
szerződés

данък
adó

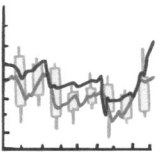

акция
részvény

работя
dolgozni

служител
munkavállaló

работодател
munkaadó

фабрика
gyár

магазин за цветя
üzlet

професии
foglalkozások

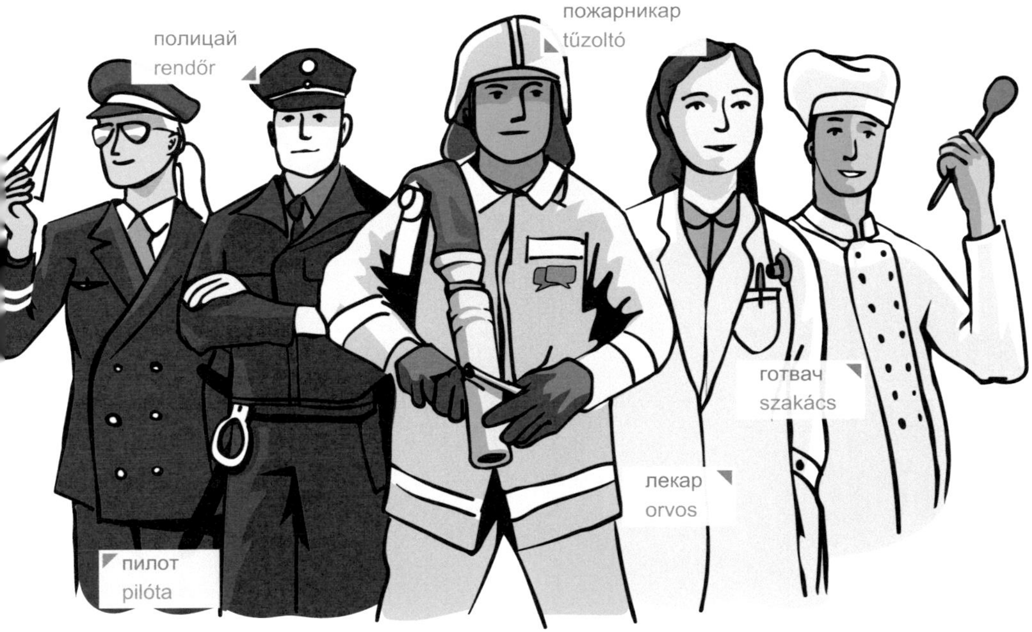
полицай
rendőr
пожарникар
tűzoltó
готвач
szakács
лекар
orvos
пилот
pilóta

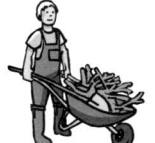

градинар

kertész

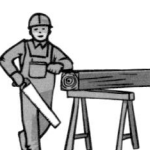

мебелист

kárpitos

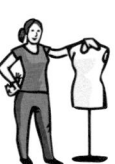

шивачка

varrónő

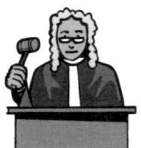

съдия

bíró

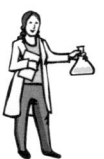

химик

vegyész

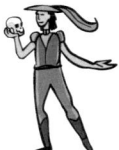

артист

színész

шофьор на автобус

buszsofőr

шофьор на такси

taxisofőr

рибар

halász

чистачка

bejárónö

майстор на покриви

tetőfedő

келнер

pincér

ловец

vadász

художник

festő

хлебар

pék

електротехник

villanyszerelő

строителен работник

építőmunkás

инженер

mérnök

касапин

hentes

тенекеджия

vízvezeték-szerelő

пощальон

postás

войник

katona

архитект

építész

касиер

eladó

цветар

virágos

фризьор

fodrász

кондуктор

kalauz

механик

müszerész

капитан

kapitány

зъболекар

fogorvos

научен работник

tudós

равин

rabbi

имàм

imám

монах

szerzetes

свещеник

lelkész

инструменти
szerszámok

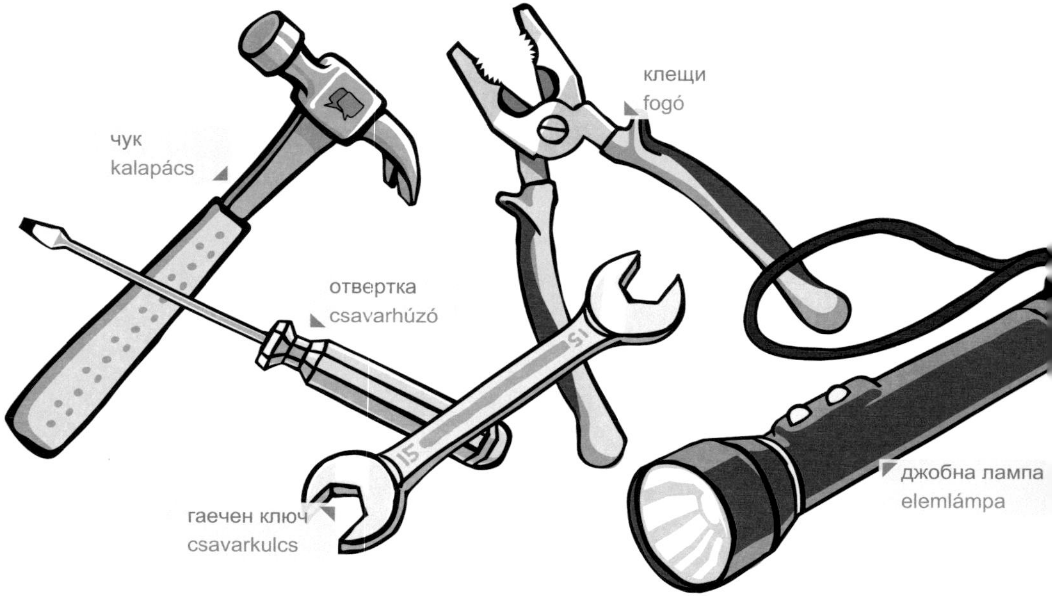
клещи
fogó
чук
kalapács
отвертка
csavarhúzó
джобна лампа
elemlámpa
гаечен ключ
csavarkulcs

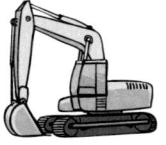

багер

markológép

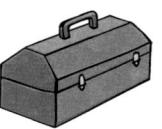

кутия за инструменти

szerszámosláda

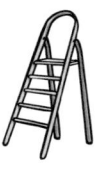

стълба

vödör

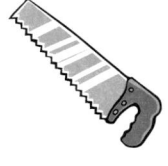

трион

fűrész

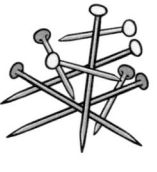

пирони

szög

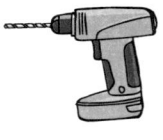

бормашина

fúrógép

ремонтирам

megjavítani

лопата

lapát

По дяволите!

A francba!

лопатка за смет

szemétlapát

кутия за боя

festékesdoboz

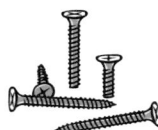

болтове

csavar

музикални инструменти
hangszerek

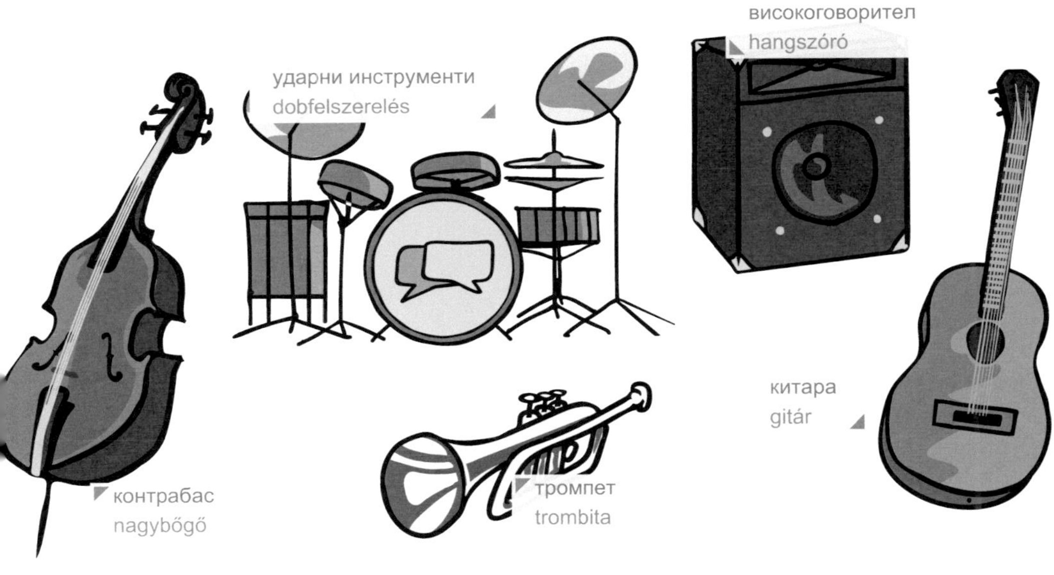

удари инструменти
dobfelszerelés

височоговорител
hangszóró

контрабас
nagybőgő

тромпет
trombita

китара
gitár

пиано

zongora

виолина

hegedű

контрабас

basszusgitár

тимпан

üstdob

барабан

dobok

електрическо пиано

digitális zongora

саксофон

szaxofon

флейта

fuvola

микрофон

mikrofon

зоологическа градина
állatkert

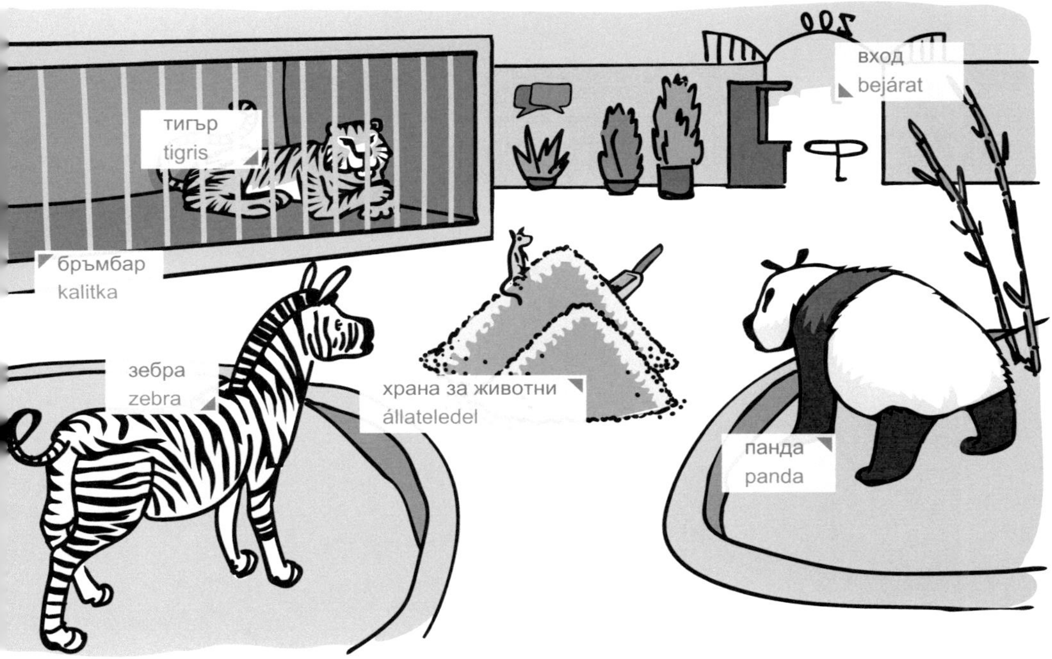

вход
bejárat
тигър
tigris
бръмбар
kalitka
зебра
zebra
храна за животни
állateledel
панда
panda

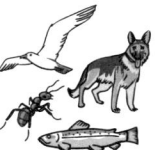

животни

állatok

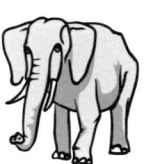

слон

elefánt

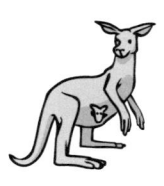

кенгуру

kenguru

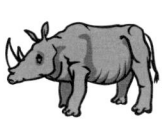

носорог

orrszarvú

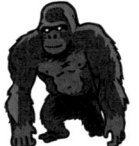

горила

gorilla

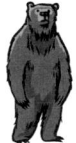

мечка

medve

камила

teve

щраус

strucc

лъв

oroszlán

маймуна

majom

фламинго

flamingó

папагал

papagáj

бяла мечка

jegesmedve

пингвин

pingvin

акула

cápa

паун

páva

змия

kigyó

крокодил

krokodil

пазач в зоологическа
градина

állatgondozó

тюлен

fóka

ягуар

jaguár

пони

póniló

леопард

leopárd

хипопотам

víziló

жираф

zsiráf

орел

sas

диво прасе

vaddisznó

риба

hal

костенурка

teknős

морж

rozmár

лисица

róka

газела

gazella

американски футбол
amerikai futball

колоездене
kerékpározás

тенис
tenisz

баскетбол
kosárlabda

плуване
úszás

бокс
boksz

хокей на лед
jégkorong

футбол
futball

бадминтон
tollas

лека атлетика
atlétika

хандбал
kézilabda

ски бягане
síelés

поло
lovaspóló

скачам
ugrani

прегръщам
ölelni

смея се
nevetni

вървя
sétálni

пея
énekelni

сънувам
álmodni

моля се
dicsérni

целувам
csókolni

пиша
írni

рисувам
rajzolni

показвам
mutatni

бутам
tolni

давам
adni

взимам
vinni

имам

birtokolni

правя

csinálni

съм

lenni

стоя

állni

тичам

futni

дърпам

húzni

хвърлям

hajít

падам

esni

лежа

hazudni

чакам

várni

нося

vinni

седя

ülni

обличам

felvenni

спя

aludni

събуждам се

felébredni

разглеждам

ránézni

плача

sírni

милвам

simogat

реша се

fésülni

говоря

beszélni

разбирам

megérteni

питам

kérdezni

слушам

hallgatni

пия

inni

ям

enni

разтребвам

takarítani

обичам

szeretni

готвя

főzni

карам автомобил

vezetni

летя

szállni

плавам (с платна)

vitorlázni

смятане

számol

чета

olvasni

уча

tanulni

работя

dolgozni

женя се

házasodni

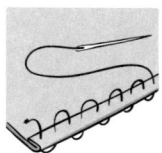

шия

varrni

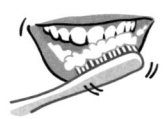

измивам си зъбите

fogat mosni

убивам

ölni

пуша

dohányozni

изпращам

küldeni

семейство
család

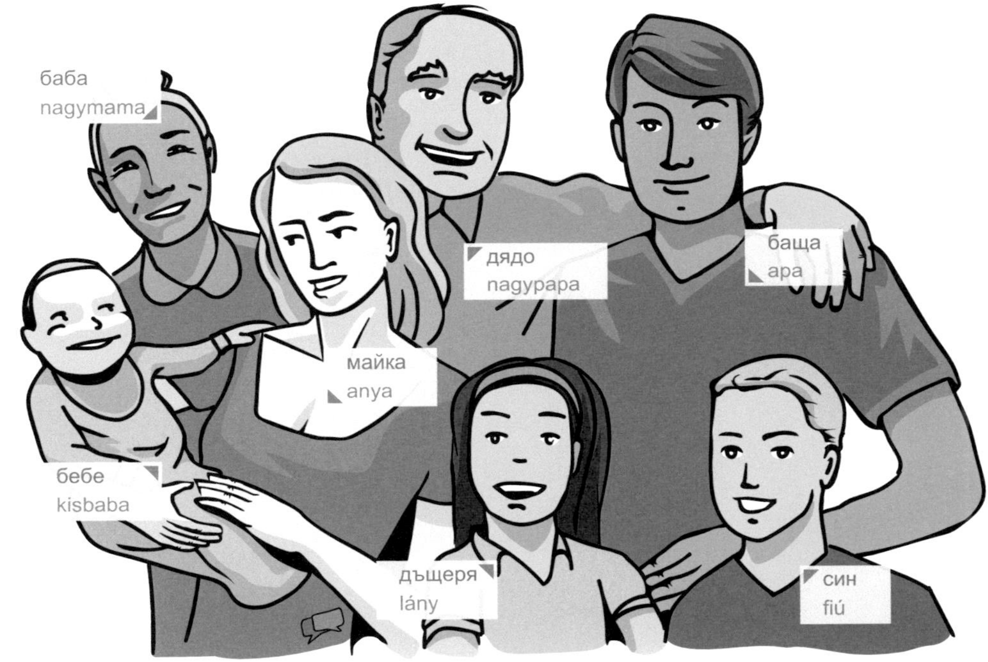
баба
nagymama
дядо
nagypapa
баща
apa
майка
anya
бебе
kisbaba
дъщеря
lány
син
fiú

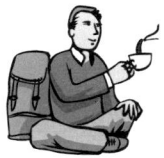

посетител

vendég

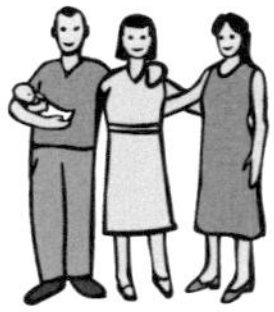

леля

nagynéni

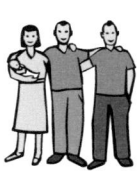

чичо

nagybácsi

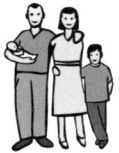

брат

fiútestvér

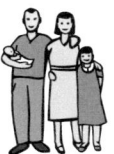

сестра

lánytestvér

тяло

test

чело
homlok
око
szem
рамо
váll
пръст
ujj
лице
arc
брадичка
áll
ръка
kéz
гърди
mell
крак
láb
ръка
kar

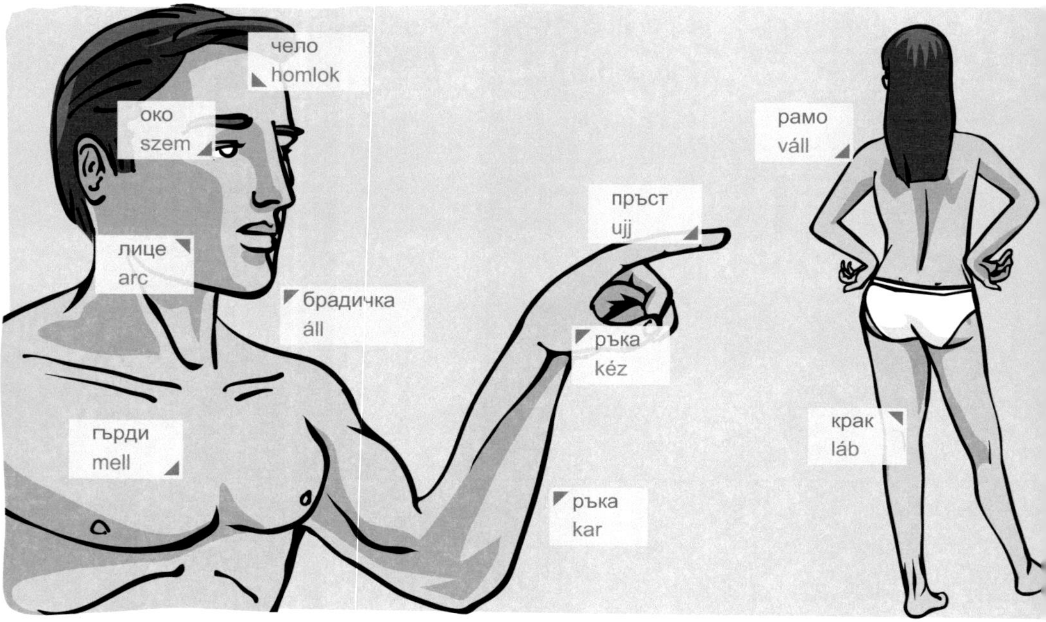

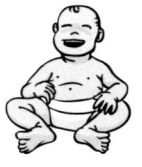

бебе

kisbaba

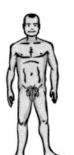

мъж

ember

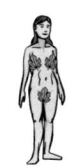

жена

nő

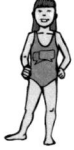

момиче

lány

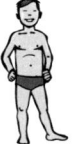

момче

fiú

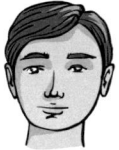

глава

fej

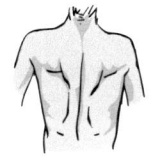

гръб

hát

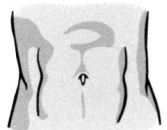

корем

has

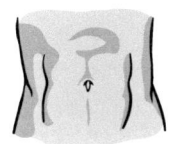

пъп

köldök

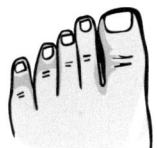

пръст на крака

lábujj

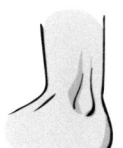

пета

sarok

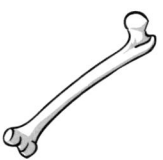

кост

csont

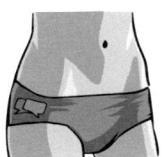

хълбок

csípő

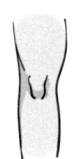

коляно

térd

лакът

könyök

нос

orr

седалище

fenék

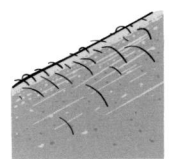

кожа

bőr

буза

orca

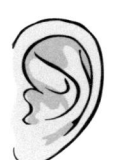

ухо

fül

устна

ajak

уста

száj

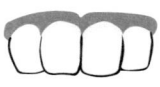

зъб

fog

език

nyelv

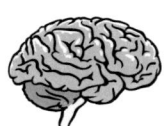

мозък

agy

сърце

szív

мускул

izom

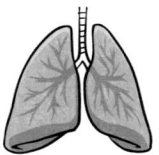

бял дроб

tüdő

черен дроб

máj

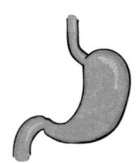

стомах

gyomor

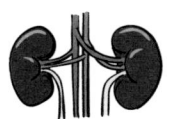

бъбреци

vese

полово сношение

szex

кондом

kondom

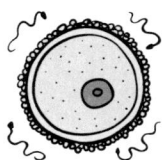

яйцеклетка

petesejt

сперма

sperma

бременност

terhesség

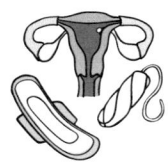

менструация

menstruáció

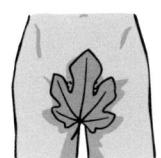

вагина

vagina

пенис

pénisz

вежда

szemöldök

коса

haj

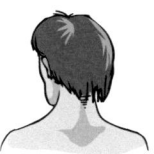

шия

nyak

болница
kórház

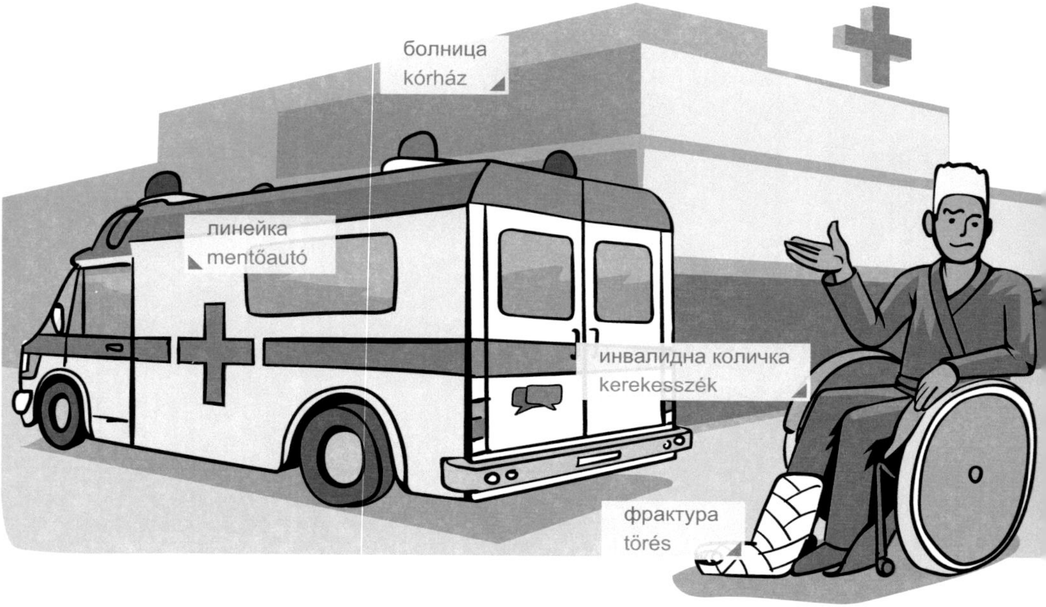

болница
kórház

линейка
mentőautó

инвалидна количка
kerekesszék

фрактура
törés

лекар

orvos

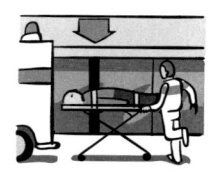

спешна хоспитализация

sürgősségi osztály

медицинска сестра

ápoló

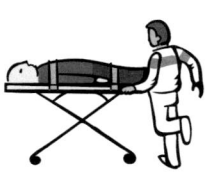

спешен случай

vészhelyzet

в безсъзнание

eszméletlen

болка

fájdalom

нараняване

sérülés

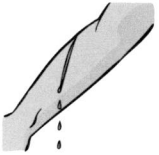

кървене

vérzés

инфаркт

szívroham

инсулт

szélütés

алергия

allergia

кашлица

köhögés

температура

láz

грип

influenza

диария

hasmenés

главоболие

fejfájás

рак

rák

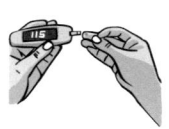

диабет

cukorbetegség

хирург

sebész

скалпел

szike

операция

műtét

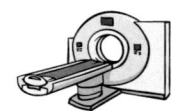

компютърна томография

CT

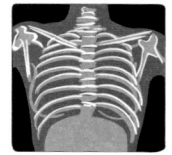

рентген

röntgen

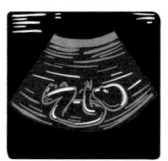

ултразвук

ultrahang

маска

arcmaszk

болест

betegség

чакалня

váróterem

патерица

mankó

пластир

sebtapasz

превръзка

kötszer

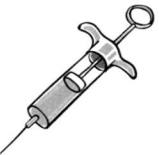

инжекция

injekció

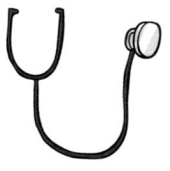

стетоскоп

sztetoszkóp

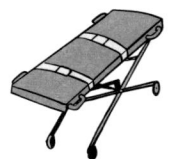

носилка

hordágy

термометър

klinikai hőmérő

раждане

születés

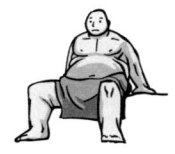

наднормено тегло

túlsúly

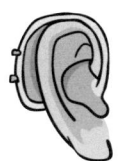

слухов апарат

hallókészülék

дезинфекционно средство

fertőtlenítőszer

инфекция

fertőzés

вирус

vírus

HIV / AIDS

HIV/AIDS

медицина

orvosság

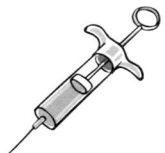

ваксинация

oltás

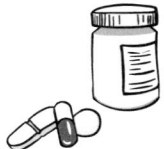

таблети

tabletták

противозачатъчна таблетка

tabletta

спешно телефонно обаждане

sürgősségi hívás

апарат за измерване на кръвното налягане

vérnyomásmérő

болен / здрав

betegség / egészség

Помощ!

Segítség!

сигнал за тревога

riasztás

нападение

rajtaütés

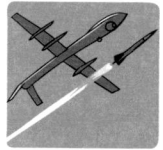

атака

támadás

опасност

veszély

авариен изход

vészkijárat

Пожар!

tűz!

пожарогасител

tűzoltókészülék

злополука

baleset

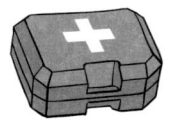

комплект за оказване на
първа помощ

elsősegélycsomag

SOS

SOS

полиция

rendörség

Европа

Európa

Северна Америка

Észak-Amerika

Южна Америка

Dél-Amerika

Африка

Afrika

Азия

Ázsia

Австралия

Ausztrália

Атлантически океан

Atlanti-óceán

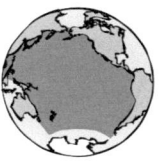

Тихи океан

Csendes-óceán

Индийски океан

Indiai-óceán

Южен ледовит океан

Déli-óceán

Северен ледовит океан

Jeges-tenger

Северен полюс

Északi-sark

Южен полюс

Déli-sark

Антарктида

Antarktisz

Земя

föld

суша

szárazföld

море

tenger

остров

sziget

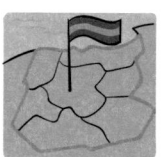

нация

nemzet

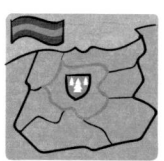

държава

állam

циферблат

számlap

стрелка на часовете

kismutató

стрелка на минутите

nagymutató

стрелка на секундите

másodpercmutató

Колко е часът?

Mennyi az idő?

ден

nap

време

idő

сега

most

дигитален часовник

digitális óra

минута

perc

час

óra

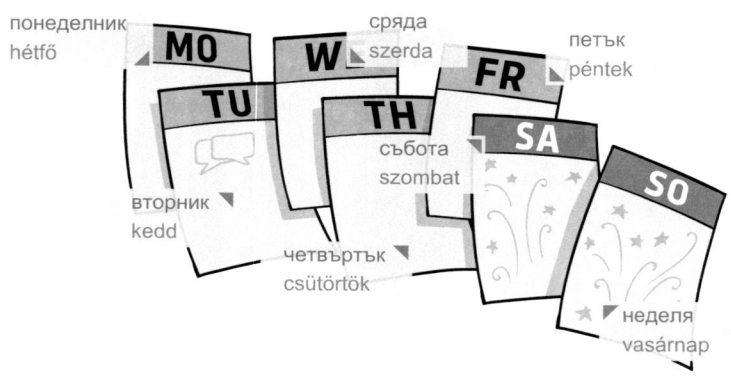

понеделник
hétfő

сряда
szerda

петък
péntek

вторник
kedd

четвъртък
csütörtök

събота
szombat

неделя
vasárnap

вчера
tegnap

днес
ma

утре
holnap

сутрин
reggel

обед
dél

вечер
este

MO	TU	WE	TH	FR	SA	SU
1	2	3	4	5	6	7
8	9	10	11	12	13	14
15	16	17	18	19	20	21
22	23	24	25	26	27	28
29	30	31	1	2	3	4

работни дни
hétköznap

MO	TU	WE	TH	FR	SA	SU
1	2	3	4	5	6	7
8	9	10	11	12	13	14
15	16	17	18	19	20	21
22	23	24	25	26	27	28
29	30	31	1	2	3	4

уикенд
hétvége

дъжд
eső

дъга
szivárvány

сняг
hó

вятър
szél

пролет
tavasz

есен
ősz

лято
nyár

зима
tél

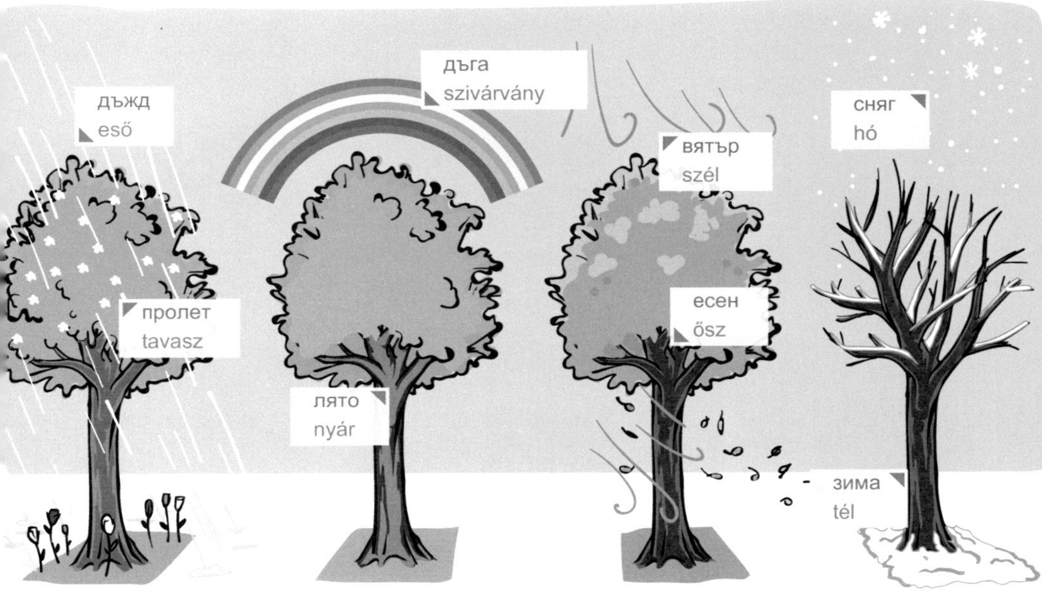

прогноза за времето

időjárás előrejelzés

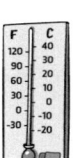

термометър

hőmérő

слънчева светлина

napsütés

облак

felhö

мъгла

köd

влажност на въздуха

páratartalom

светкавица

villámlás

гръмотевица

mennydörgés

буря

vihar

градушка

jégeső

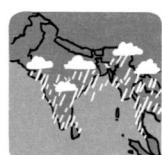

мусон

monszun

наводнение

áradás

лед

jég

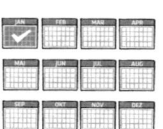

януари

január

февруари

február

март

március

април

április

май

május

юни

június

юли

július

август

augusztus

септември
....
szeptember

октомври
....
október

ноември
....
november

декември
....
december

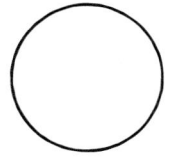

кръг
....
kör

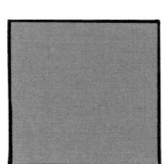

квадрат
....
négyzet

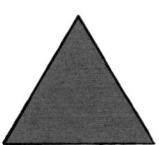

триъгълник
....
háromszög

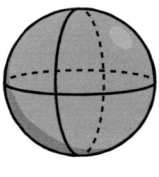

сфера
....
gömb

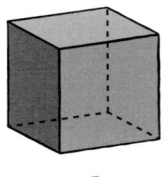

куб
....
kocka

бял

fehér

жълт

sárga

оранжев

narancs

розов

rózsaszín

червен

piros

лилав

lila

син

kék

зелен

zöld

кафяв

barna

сив

szürke

черен

fekete

много / малко

sok / kevés

ядосан / спокоен

mérges / nyugodt

красив / грозен

szép / csúnya

начало / край

kezdet / vég

голям / малък

nagy / kicsi

светъл / тъмен

világos / sötét

брат / сестра

fivér / nővér

чист / мръсен

tiszta / koszos

пълен / непълен

teljes / nem teljes

ден / нощ

nappal / éjszaka

мъртъв / жив

halott / élő

широк / тесен

széles / keskeny

ядлив / неядлив

ehető / nem ehető

сърдит / любезен

gonosz / kedves

развълнуван / скучаещ

izgatott / unott

дебел / тънък

kövér / vékony

най-напред / най-накрая

első / utolsó

приятел / враг

barát / ellenség

пълен / празен

teli / üres

твърд / мек

kemény / puha

тежък / лек

nehéz / könnyű

глад / жажда

éhség / szomjúság

болен / здрав

betegség / egészség

нелегален / легален

illegális / legális

интелигентен / глупав

intelligens / buta

ляво / дясно

bal / jobb

близо / далече

közel / távol

нов / употребяван

új / használt

нищо / нещо

semmi / valami

стар / млад

idős / fiatal

вкл. / изкл.

be / ki

отворен / затворен

nyitva / zárva

тих / силен (звук)

csendes / hangos

богат / беден

gazdag / szegény

правилен / погрешен

helyes / helytelen

грапав / гладък

érdes / sima

тъжен / щастлив

szomorú / vidám

дълъг / къс

rövid / hosszú

бавен / бърз

lassú / gyors

мокър / сух

nedves / száraz

топъл / студен

meleg / hideg

война / мир

háború / béke

0

нула

nulla

1

едно

egy

2

две

kettö

3

три

három

4

четири

négy

5

пет

öt

6

шест

hat

7

седем

hét

8

осем

nyolc

9

девет

kilenc

10

десет

tíz

11

единадесет

tizenegy

12

дванадесет

tizenkettő

13

тринадесет

tizenhárom

14

четиринадесет

tizennégy

15

петнадесет

tizenöt

16

шестнадесет

tizenhat

17

седемнадесет

tizenhét

18

осемнадесет

tizennyolc

19

деветнадесет

tizenkilenc

20

двадесет

húsz

100

сто

száz

1.000

хиляда

ezer

1.000.000

милион

millió

числа - számok

английски

angol

американски английски

amerikai angol

китайски мандарин

mandarin kínai

хинди

hindi

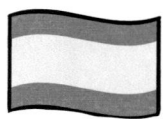

испански

spanyol

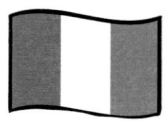

френски

francia

арабски

arab

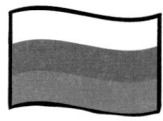

руски

orosz

португалски

portugál

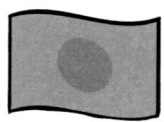

бенгалски

bengáli

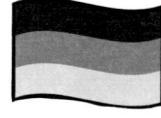

немски

német

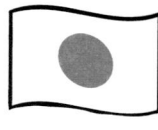

японски

japán

аз
én

ти
te

той / тя / то
ő

ние
mi

вие
ti

те
ők

кой?
ki?

какво?
mi?

как?
hogyan?

къде?
hol?

кога?
mikor?

име
név

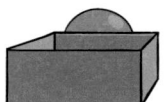

зад

mögött

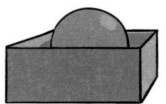

в

benne

пред

előtte

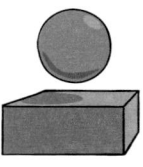

над

felette

върху

rajta

под

alatta

до

mellett

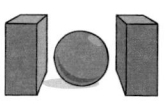

между

között

място

hely